GESTIONA LAS PRIORIDADES Y LOS PLAZOS

Las claves para organizar bien el trabajo y respetar los plazos

Por Florence Schandeler

Traducido por Laura Bernal Martín

Coaching en50MINUTOS.es

¿CÓMO DETERMINAR LAS PRIORIDADES Y GESTIONAR LOS PLAZOS?

- **¿Problemática?** En un contexto profesional, ¿cómo determinar las prioridades y organizarse para poder explotar lo mejor posible el tiempo dedicado al trabajo?
- **¿Utilidad?** Saber determinar las prioridades y gestionar el horario para finalizar las tareas dentro de los límites impuestos. No volver a perder de vista los objetivos, no volver a perder energía con «nunca tendré tiempo», sino planificar y pasar a la acción.
- **¿Preguntas frecuentes?**
  - ¿Cómo deshacerse de las costumbres que exigen demasiado tiempo?
  - ¿Cómo planificar las tareas que hay que realizar?
  - ¿Cómo establecer las prioridades?
  - ¿Cómo organizar la agenda?
  - ¿Cómo no volver a dejar nada para el día siguiente?
  - ¿Cómo ser capaz de delegar?
  - ¿Cómo desconectar del trabajo cuando salgas de la oficina?

La llegada de Internet y de las nuevas tecnologías de la información ha provocado que el ritmo se acelere. Actualmente, vivimos en una sociedad en la que reinan las palabras «rapidez», «competencia» y «estrés». Los ordenadores portátiles y los smartphones hacen que estemos disponibles las 24 horas del día. La frontera entre la vida profesional y la vida privada se vuelve cada vez más estrecha para los jefes y los empleados, que no pueden desconectarse de la bandeja de entrada de su correo. Además, los médicos constatan que el número de síndromes por desgaste profesional (o burnout) está en constante aumento.

«El tiempo es oro». ¿Cuántas veces escuchamos esta expresión que nos obliga a acelerar y precipitarnos sobre el montón de tareas colocado en nuestro escritorio? Este elogio a la rapidez y este mundo hiperconectado nos impiden tomar la distancia necesaria para reflexionar y para plantearnos nuestra forma de funcionar. Muchos se han acostumbrado a trabajar con prisa, conscientes de que nunca tienen tiempo, maldiciendo que el día solo dure 24 horas.

No esperes más y sumérgete en la lectura de este libro, porque logrará que inviertas 50 minutos de tu tiempo en una propuesta de reflexión sobre tu forma de trabajar y de gestionar tu tiempo. Presentaremos modelos teóricos que ponen de manifiesto el fenómeno de la «falta de tiempo» y explicaremos por qué es importante cambiar algunos hábitos para poder ganar tiempo. A continuación, nos centraremos en la manera de elaborar un programa de trabajo óptimo que tenga en cuenta las prioridades de tu puesto y los plazos fijados, para que seas eficaz cuando te pongas manos a la obra.

EL ABECÉ DE LA GESTIÓN DEL TIEMPO

«NO TENGO TIEMPO»: ANÁLISIS DEL FENÓMENO

Síntomas

> Para meditar: «Los que emplean mal su tiempo son los primeros en quejarse de su brevedad». La Bruyère (1645-1688).

Todos sufrimos, en diferentes niveles, de una falta de dominio sobre el tiempo. Muy a menudo, cuando nos ponemos a trabajar, no nos damos cuenta de que el tiempo pasa o corremos de un lado para otro durante todo el día sin lograr concluir nuestras tareas.

- Trabajamos con prisa y tenemos la impresión de desaprovechar lo esencial.
- Aceptamos una nueva tarea que nuestro superior nos delega sin estar seguros de ser capaces de acabarla.
- Tenemos la sensación de perder el tiempo ayudando a un colega que pide consejo y respondiendo una decena de correos electrónicos.
- Todavía no nos hemos encargado de un gran número de informes... ¿Qué hemos estado haciendo todo el día?
- Entonces, nos llevamos una tarea a casa para finalizarla a tiempo.

La conclusión cae como una losa: no tenemos tiempo. Sin embargo, y arriesgándonos a decir una perogrullada, un día sigue teniendo 24 horas, de las cuales muchos trabajadores dedican entre ocho y diez a las obligaciones profesionales. Es una realidad a la que hay que adaptarse, así que aprendamos a dominar todos sus aspectos para lograr sacar provecho.

Como sería fatalista y contraproducente pensar lo contrario, consideremos que cada problema tiene una solución, y dediquemos un poco de nuestro tiempo a reflexionar sobre ello. Partamos de la hipótesis de que para sentirse realizado y tener una vida equilibrada no hay que trabajar más, sino trabajar mejor, no hay que ser esclavo del tiempo, sino aprender a controlarlo.

Factores de la pérdida de tiempo

Intentemos identificar los elementos que exigen mucho tiempo y que nos alejan de nuestras prioridades cuando hemos decidido avanzar. Les atribuimos dos orígenes: por una parte, los factores externos relacionados con el entorno sociolaboral en el que evolucionamos, y por otra parte, los factores internos, inherentes a la forma de ser y de actuar propia de cada persona.

Aunque tengamos la impresión de que lo que perturba nuestro ritmo de trabajo son sobre todo acontecimientos externos de los que no somos en absoluto responsables, lo cierto es que, al detallar los elementos susceptibles de ralentizarnos, nos damos cuenta de lo contrario. Establezcamos una lista no exhaustiva de estos factores potenciales:

Factores externos	Factores internos
Falta de información sobre las tareas que hay que realizar	No saber decir «no» a los superiores o a los colegas a pesar de que ya estamos saturados
Buzón de entrada saturado de mensajes que esperan una respuesta y un teléfono que no para de sonar	Ser perfeccionista
Imprevistos que hay que gestionar día tras día	Querer hacer demasiadas cosas a la vez, lo que lleva al agotamiento
	Mala definición de los objetivos de trabajo
	Mala planificación de las tareas
	Falta de concentración
	Falta de autodisciplina que lleva a la procrastinación
	Tener la costumbre de zapear, lo que nos hace pasar de una tarea a otra y nos impide terminar el trabajo iniciado

PEQUEÑO PLUS: EVITAR EL EFECTO «ZAPPING»

Estamos condicionados por esa costumbre de espectador caprichoso e impaciente sentado delante de nuestra pequeña pantalla, y tenemos tendencia a entregarnos, en numerosas circunstancias, a una tipo de zapeo que nos lleva a cambiar continuamente de tarea o de tema sin tomarnos la molestia de acabar lo que hemos empezado.

Por la noche, cómodamente instalados en el sofá, está

en nuestras manos decidir cambiar de canal porque el programa no nos gusta o porque queremos evitar a toda costa el próximo y enésimo anuncio. En cambio, en la vida profesional este zapeo tiene como consecuencia la acumulación de una serie de tareas inacabadas que, por un efecto de bola de nieve, acaban convirtiéndose en una avalancha de obligaciones que tenemos que acabar a toda prisa.

Algunos buenos propósitos que podemos tomar:

- si comienzo una tarea, la termino;
- cuando ha acabado un trabajo, clasifico y ordeno los documentos;
- clasifico mis documentos y tiro lo que no se tiene que conservar;
- cuando recibo instrucciones o cuando pienso en una tarea importante que hay que realizar, lo anoto directamente;
- si tengo dudas relacionadas con las instrucciones o el procedimiento que hay que seguir, lo pregunto inmediatamente;
- en cuanto termino mi jornada laboral, ordeno mi escritorio y preparo el material necesario para el día siguiente.

Aunque no podemos influir en los factores externos, existe un consejo general aplicable: intentar limitar al máximo las interrupciones provocadas por las nuevas tecnologías. Cuando tengas la ocasión, desconéctate de tu bandeja de entrada y apaga tu móvil para concentrarte plenamente en una acción: te hará ganar un valioso tiempo.

Los factores internos dependen sobre todo de nuestra forma de trabajar. Es tarea de cada uno fijarse en los que perturban su trabajo para poder poner todo en marcha para superarlos. A partir de ahora, apunta en un folio los elementos que te desconcentran en tu día a día. Escribirlo es esencial, porque permite materializar los factores y poder por fin señalarlos.

Los problemas de inacción

Existen mecanismos que nos vuelven pasivos e ineficaces y que están, al igual que nuestras malas costumbres, inscritos en nuestro modo de trabajar: son los problemas de inacción. Roger Moyson, formador y consultor estadounidense, cuenta tres tipos, cada uno de los cuales puede afectar en mayor o menor medida a cada persona.

- **La agitación**: este estado aparece cuando nuestra atención tiende a desviarse hacia actividades al margen del objetivo fijado, que a veces son completamente inútiles y que ralentizan nuestro ritmo de trabajo. Las personas que reaccionan con agitación frente a la acción tienden a querer demostrarle a los demás, pero sobre todo a sí mismas, que trabajan mucho. No obstante, yendo de un lado para otro en vez de aplicarse en la tarea, es más que probable que no terminen el trabajo dentro del plazo establecido.
- **La sobreadaptación**: esta disfunción aparece cuando alguien quiere agradar a toda costa y hace lo que cree que se le pide que haga, sin preguntarse si lo que ha de

realizar tiene sentido. Adapta su trabajo a lo que supone que se corresponde mejor con las expectativas del jefe o del cliente, perdiendo de vista el objetivo intrínseco de las tareas que tiene que llevar a cabo.

- **La incapacitación**: este problema está sobre todo relacionado con las personas que manifiestan con facilidad sus sentimientos, y que tienden a reaccionar al trabajo que se le encomienda y al estrés con crisis de pánico, de victimización o de cólera. Sumidas en sus emociones, son incapaces de concentrarse en la tarea establecida.

No podemos deshacernos por completo de estas disfunciones, que caracterizan nuestra forma de gestionar la acción y las situaciones de estrés. No obstante, al aprender a conocernos y al estar más atentos a nuestra manera de reaccionar, podemos intentar desbaratarlas.

Leyes de organización del tiempo

Algunos esquemas teóricos, elaborados por científicos, economistas o ensayistas, pueden arrojar un poco luz sobre la organización de nuestro tiempo.

- **La ley de Parkinson**: según esta ley, el trabajo tiende a expandirse durante todo el tiempo que se le dedica. Cuanto más tiempo tenemos para realizar un trabajo, más tiempo nos llevará acabarlo. Es el caso de la tarea que nos llevamos a casa para trabajar en ella varias horas durante el fin de semana y que acaba por ocupar todo nuestro tiempo. Para frustrar esta trampa, fíjate plazos. El objetivo no es iniciar una carrera contrarreloj, sino lograr calcular el tiempo necesario para realizarla y respetar ese plazo para, a continuación, poder pasar a otra cosa.

- **La ley de la prisa**: afirma que, a partir del momento en que el 50% de nuestro tiempo de trabajo se dedica a tareas que hay que realizar con prisa, somos menos eficaces y tendemos a perder de vista nuestras prioridades. Nos falta tomar distancia para reflexionar sobre nuestro trabajo y sobre nuestra forma de organizarlo. Existe el riesgo de que este estado, que es un círculo vicioso, se mantenga. Planificar el trabajo es esencial para escapar de la prisa, de ese estrés en el que tenemos la impresión de vivir con sufrimiento los acontecimientos, de realizar tarea tras tarea sin lograr ver el final y que, a veces, nos hace correr el riesgo de acabar agotados o con burnout.

Leyes de uso del tiempo

Vamos a interesarnos por la forma en la que podemos utilizar nuestro tiempo de trabajo en función de las tareas que tenemos que cumplir y de nuestra forma de funcionar.

- **La ley de Carlson**: esta explica que nuestro cerebro necesita tiempo para centrarse en una tarea compleja. Tenemos que estar totalmente concentrados para escribir un informe, para corregir un examen o para memorizar. Si nos vemos interrumpidos constantemente por el teléfono, por un colega, por un amigo, o si intentamos realizar otra tarea al mismo tiempo, no lograremos un rendimiento óptimo ni un trabajo de buena calidad. Según algunos estudios, después de cinco o seis interrupciones tendremos incluso tendencia a aplazar la tarea a un futuro indeterminado. Para presentar un trabajo irreprochable, es necesario poder, de alguna manera, desconectarnos del mundo para así ser capaces de dedicarnos por completo a dicho trabajo.

- **La ley de los ciclos:** esta ley enuncia que cada acción tiene un inicio y un fin, y que para racionalizar el tiempo de trabajo, es mejor dedicarse completamente a una tarea en vez de querer realizar una decena al mismo tiempo. Este modo de funcionamiento permite tener una visión más global de las acciones que hay que llevar a cabo y concentrarse con más facilidad en el objetivo final. Además, la ley explica que, dependiendo de su carácter, cada persona tiene más o menos dificultades para gestionar una fase de la acción. A algunas les cuesta ponerse a trabajar y se vuelven adictas a la procrastinación; otras, las perfeccionistas, no logran finalizar la tarea que se les ha confiado porque siempre encuentran un detalle mejorable. Es importante que cada persona pueda analizar su forma de funcionar con el fin de mejorar. Puedes plantearte varias preguntas, en función de las fases de la acción que te supongan un problema.

Antes de empezar	Realizar la tarea	Terminar la acción
¿Sabes lo que tienes que hacer (descripción de la tarea y objetivo)?	¿Empleas un buen método de trabajo?	¿Has cumplido el/ los objetivo/s que te habías fijado?
¿Sabes por dónde tienes que empezar?	¿Conoces el objetivo final de la tarea?	¿Eres perfeccionista, tienes tendencia a hacer más de lo necesario?
¿Tienes todos los elementos a mano?	¿Te has fijado límites temporales concretos?	Por el contrario, ¿tienes la impresión de hacer tu trabajo a medias?
¿Te interesa la tarea y su objetivo (motivación)?	¿Eres capaz de seguir tu plan de trabajo (autodisciplina)?	…
¿Has definido en qué única tarea concentrarte?	…	

- **Cronobiología:** tiene en cuenta nuestros ritmos biológicos y nos invita a repartir las cargas de trabajo en función de los mismos. A menudo hemos oído la expresión «ser madrugador» y «ser trasnochador». Para poder trabajar eficazmente, es necesario aprender a conocerse para planificar en el momento oportuno las tareas que precisan de más atención. Constataremos que hay que tener en cuenta una serie de factores, internos y externos, cuando hablamos de trabajo y de concentración. En lo relativo a los factores internos, propios de nuestro ritmo biológico, destacamos que, por ejemplo, las horas que suceden inmediatamente a la comida del mediodía son menos favorables para la concentración, porque nuestro cuerpo consume más energía para hacer la digestión. En cuanto a los factores externos, observamos que algunos necesitan una oficina luminosa para sentirse estimulados durante la jornada laboral, mientras que otros prefieren un ambiente más tenue o una fuente luminosa centrada en las tareas que hay que tratar.

- **La ley de Turgot:** esta ley tiene en cuenta la noción del «rendimiento decreciente» que explica que, con el paso del tiempo, después de haber pasado un cierto número de horas concentrados en un trabajo, somos cada vez menos eficaces. Entonces, lo importante es prever pausas regulares y no sobrepasar un determinado número de horas laborales. En general, se aconseja hacer una pausa de diez minutos cada hora en un trabajo que precisa una gran concentración; esta permite tomar distancia y es lo suficientemente corta como para no desconcentrarnos.

CAMBIAR PARA «GANAR TIEMPO»

Motivación

Para que cualquier cambio sea eficaz y duradero, tiene que tener una motivación. Un fumador no deja el tabaco si no está convencido de que eso sea beneficioso para él. Lo mismo ocurre en nuestro caso. Sufrir o saber gestionar tu tiempo, ¡tú eliges! Para este proceso es necesario que seas consciente del bienestar que puede aportarte una buena gestión. La motivación se construye visualizando estos beneficios.

Resistencias

Por naturaleza, el ser humano rechaza los cambios. A

menudo somos pesimistas, nos da miedo empeorar la situación y nuestras costumbres –tanto las buenas como las malas— se inscriben en una creencia dogmática que afirma que debemos actuar « así y no de otra manera». La imagen que tenemos del cambio nos estresa y a menudo preferimos volver a nuestra rutina, a pesar de que esta consuma todo nuestro tiempo.

Por ejemplo, algunos estudiantes siguen pensando que la clave del éxito radica en dedicar entre ocho y diez horas clavados en una silla, con los ojos puestos en los apuntes y sin cuestionarse su método de trabajo cuando, con el mismo tiempo pero organizado de otra forma, obtendrían mejores resultados.

Para poder cambiar, es necesario atreverse a cuestionarse a uno mismo y a superar los frenos que nos ponen el miedo a lo desconocido y las ganas de sumergirnos en nuestros reconfortantes hábitos.

Objetivos

Descubrir y concentrarse en las ventajas que podemos obtener de una mejor gestión del tiempo es, por lo tanto, la clave para motivarse y lograr cambiar nuestros hábitos. Entre los objetivos esperados, podemos citar:

- sentirse satisfecho profesional y personalmente gracias a un reparto más equilibrado de nuestro tiempo, entre el trabajo, el descanso y el ocio;
- mejorar nuestra eficacia en el trabajo gracias a una mejor definición de los objetivos y de las prioridades;

- terminar las tareas importantes a tiempo, priorizando y planificando;
- ofrecerle a los demás, y a uno mismo, una imagen más profesional del trabajo mediante una mejor gestión de los plazos y mediante la adaptación a los imprevistos;
- disminuir la presión que provoca ir a contrarreloj.

Definir el objetivo

Para formular un objetivo, es necesario saber definir y describir con claridad lo que queremos realizar. Plantéate expresarlo de forma «*SMART*» (del inglés «inteligente»), concepto atribuido a Peter Drucker (1909-2005):

S	*Specific* (específico)	El objetivo debe estar descrito en términos concretos y precisos.
M	Medible	La realización de las tareas que hay que llevar a cabo para alcanzar el objetivo final debe ser cuantificable, tiene que dar una indicación del camino recorrido y del que falta por recorrer.
A	Alcanzable/ ambicioso	Para ser alcanzable, el objetivo tiene que respetar las limitaciones materiales y humanas existentes. Pero, además, para ser motivador tiene que constituir un tipo de desafío. No sirve de nada desanimarse por querer bajar la luna, pero poner el listón más bajo es la mejor manera de no tener ningún interés en asumir el desafío.
R	Comprometido con un proyecto (Realista)	El objetivo debe estar directamente relacionado con la actividad profesional de quien pretende alcanzarlo.
T	Temporal	La realización de la totalidad del proyecto debe fijarse en el tiempo mediante fechas límite y fechas intermedias que permitan gestionar la duración y el plazo correspondiente a cada tarea.

Cuando hayas fijado los objetivos y hayas probado otra técnica de planificación, no te olvides de evaluar los cambios que has llevado a cabo para ver si estos han contribuido o no a alcanzar dichos objetivos.

> «A quien se hace a la mar sin decidir su puerto de destino, el viento no le es nunca favorable». Montaigne (1533-1592).

PRIORIZAR Y PLANIFICAR

Definición

La planificación engloba una lista de tareas que hay que realizar, organizadas por plazo de vencimiento: permite gestionar el tiempo atribuido y busca describir el camino que hay que recorrer para alcanzar un objetivo determinado.

Para ello, céntrate en tu objetivo meta, detalla las tareas necesarias para lograrlo y organízalas ubicándolas en un calendario que tenga en cuenta la fecha límite del trabajo, así como la duración y el tiempo atribuido a las distintas tareas.

Establecer las prioridades

- **Las nociones de urgencia y de importancia:** para organizar tu trabajo lo mejor posible, es importante fijarse en las tareas que tienen que realizarse con prioridad. Esta noción de «prioridad» supone una elección establecida en función de tus objetivos y te permite definir las tareas que se realizarán antes que las otras. Resulta de una combinación de dos criterios: la urgencia y la importancia. La urgencia se define por la noción de tiempo, mientas que la importancia está ligada a nuestra función profesional y a los valores de nuestra empresa.

Para clasificar los problemas por orden de prioridad en el desembarco de Normandía, el general Eisenhower habría establecido una tabla funcional entrelazando las nociones de urgencia y de importancia para obtener una matriz con cuatro cuadrantes que definen cuatro tipos de funciones:

UI: tareas urgentes e importantes	ul: tareas poco urgentes e importantes
Tiene que realizarlas uno mismo, inmediatamente y con prioridad.	Tareas que pueden esperar, que hay que programar para más adelante, en un futuro más o menos próximo.
Ui: tareas urgentes, pero poco importantes	ui: tareas ni urgentes ni importantes
Hay que realizarlas en segundo plano o delegarlas rápidamente.	Tareas que eventualmente podemos omitir.

Cómo determinar las prioridades y gestionar los plazos © 50MINUTOS.es

Esta categorización de tareas permite anticipar mejor su realización al tener en cuenta el tiempo asignado y la urgencia en la que a menudo tenemos que trabajar sin perder de vista la noción de la importancia.

- **El análisis ABC:** también puedes ayudarte del análisis ABC para fijar tus prioridades en función de estas dos nociones. Este clasifica las tareas en tres categorías:
  - tareas A: hay que realizarlas con prioridad, respetando

el orden de clasificación de A1 a A3;
- ◦ tareas B: hay que realizarlas rápidamente y se pueden delegar eventualmente;
- ◦ tareas C: son las llamadas tareas «rutinarias». Son las menos urgentes y pueden realizarse en momentos vacíos de la jornada laboral o delegarse fácilmente.

URGENCIA

	Muy urgente	Urgente	Menos urgente
Muy importante	A1	A3	B2
Importante	A2	B1	B3
Menos importante	C1	C2	C3

IMPORTANCIA

Cómo determinar las prioridades y gestionar los plazos © 50MINUTOS.es

Con este análisis lograrás clasificar tus tareas en orden de prioridad, lo que te permitirá concentrarte en lo esencial para alcanzar tu objetivo en el tiempo asignado.

- **La ley de Pareto:** esta ley te ofrece otras indicaciones sobre las tareas que hay que realizar con prioridad para reforzar la eficacia de tu trabajo. La ley, conocida en el mundo del marketing con el nombre de regla del 80/20 (porque «el 20% de los clientes produce el 80% de los beneficios») afirma que el 20% de nuestras acciones suponen el 80% del rendimiento, mientras que el 80%

de las tareas que realizamos solo suponen un 20% del rendimiento.

Siguiendo esta lógica, existen tareas más rentables que otras: plantéate la eficacia o la ineficacia de las acciones que llevas a cabo en relación con tus objetivos, e intenta eliminar las menos rentables para sacar tiempo y dedicarlo a un trabajo que aporte más y que es, por lo tanto, prioritario.

¿QUÉ? ¿Actividades meta y pertinentes en relación con los objetivos?	¿CÓMO? ¿Eficacia del método?		
	20/80	I	II
	80/20	III	IV

Cómo determinar las prioridades y gestionar los plazos © 50MINUTOS.es

Elaborar un plan de acción

Después de haber repasado las características de un objetivo y la prioridad de las tareas, elabora un plan de trabajo que te permita ponerte manos a la obra. Para ello, el material necesario e indispensable es un lápiz y papel. Tu plan diario o, incluso, semanal, tendrá que tener en cuenta cinco elementos:

- **actividades**: piensa en hacer una lista. Todo lo que no está escrito corre el riesgo de caer en el olvido;
- **prioridades**: a partir de esa lista de actividades, destaca

los elementos urgentes e importantes;

- **tiempo**: durante la elaboración de tu plan de trabajo, ten en cuenta este factor esencial. Por una parte, piensa en dedicarle el tiempo necesario a cada actividad de la forma más realista posible. Procura no subestimarlo demasiado: no lograr terminar nunca dentro del plazo establecido es la mejor manera de desanimarse y dejar de planificar. Necesitarás un poco de práctica para lograr evaluar mejor el factor tiempo. Por otra parte, en lo relativo a la organización de tu jornada laboral, no te olvides de tener en cuenta tu ritmo biológico: si sabes que te cuesta más concentrarte después de la hora de comer, intenta programar a esa hora actividades que necesiten una menor atención;

- **imprevistos**: para reducir el factor estrés, es importante ser flexible en la programación para poder enfrentarse a los imprevistos. Establecer momentos libres en tu planificación es la mejor forma de superar ese estrés;

- **seguimiento**: de la misma forma que para cualquier acción o para cualquier cambio, es importante realizar una evaluación al finalizar. Cuestiónate cuáles son los beneficios que has extraído de tu planificación y cuáles son los puntos que puedes mejorar en su aplicación.

LOS MEJORES CONSEJOS

- Para avanzar en la buena dirección: antes de querer hacer bien el trabajo, asegúrate de hacer el trabajo correcto. Tener que rectificar es una actividad desmoralizante y hace perder mucho tiempo. Puedes ganar un valioso tiempo si dedicas un tiempo a la reflexión para concebir claramente el objetivo de la tarea.

- Para no perder la motivación cuando llegas a la oficina: no hay nada más deprimente que llegar a una sala abarrotada, sentarse delante del escritorio y ver una decena de post-it esparcidos por la pared que datan de varias semanas atrás y en los que aparece, en mayúsculas, la palabra «urgente». Para que todos tus buenos propósitos no desaparezcan al atravesar el umbral de tu oficina, organiza tu lugar de trabajo para que sea un espacio agradable. Ten a mano solo lo esencial para poderte poner lo antes posible a trabajar (ordenador, cuaderno, agenda, clasificador donde solo se encuentren los archivos recientes, etc.) y piensa en el confort del entorno (tener luz, estar tranquilo, etc.).

- Para concentrarse: a menudo perdemos mucho tiempo anticipándonos a los acontecimientos, estresándonos, pensando: «nunca tendré tiempo para acabar a tiempo». El mejor modo de racionalizar este miedo y de no olvidarnos de nada es planificar el trabajo y prever los plazos. Para realizar el plan de trabajo hay que concentrase en el «aquí y ahora», en las acciones que hay que llevar a cabo y que se han previsto de antemano en la planificación de las tareas. Se trata, por una parte, de desarrollar confianza y, por otra, de pensar por acciones, procediendo por etapas y abstrayendo el estado de urgencia en el que podemos encontrarnos.

- Para progresar en la forma de trabajar: para tomar decisiones mejores relativas al método de trabajo, es necesario probar otras formas de funcionamiento y medir los resultados obtenidos. Esta evaluación es esencial y debe realizarse antes de adoptar un cambio efectivo: no sirve de nada cambiar nuestros hábitos si hacerlo resulta contraproducente.

- Para no desbordarse: para dominar tu tiempo y para que los acontecimientos no te superen, es necesario clasificar y planificar al detalle en un plan de trabajo las tareas que hay que llevar a cabo. Prevé huecos en tu horario para los imprevistos que frenarán tu impulso y te harán perder tu buena determinación. Finalmente, cuando los objetivos estén claramente establecidos, mantén el rumbo para alcanzarlos, lo que implica una parte de autodisciplina (restringirse a los horarios, respetar los plazos) y la capacidad de decir «no» a los colegas y a los superiores y de delegar. Esta respuesta negativa, a menudo difícil de pronunciar, no debe percibirse como un rechazo simple y categórico, sino más bien como una elección motivada que permite centrarse plenamente en las tareas en curso y que debe formularse como tal (ej.: «Vuelve a las 15:00, tendré más tiempo», «Esta semana no tengo tiempo para encargarme de esa tarea. Me gustaría tener tiempo para acabar esta otra que me han encargado y acabarla el viernes»). De lo que se trata es de no perderse en una serie de tareas suplementarias, cuestiones adicionales que te impedirían acabar tus propios proyectos prioritarios.

PREGUNTAS FRECUENTES

¿CÓMO DESHACERSE DE LAS COSTUMBRES QUE EXIGEN DEMASIADO TIEMPO?

Todos estamos sometidos, en mayor o menor grado, a los «ladrones de tiempo», a los que, por costumbre o porque pensamos que se trata de una obligación, les dedicamos un valioso tiempo. Responder a un teléfono que no para de sonar y que nos impide concentrarnos en nuestro informe, estar permanentemente conectados a nuestra bandeja de entrada o incluso carecer de organización, lo que nos hace improvisar nuestro plan de trabajo cuando llegamos a la oficina.

¡Cuatro etapas para superarlo!

- Antes de nada, hay que detectarlos. Apunta aquello que crees que es una fuente de pérdida de tiempo en el trabajo, aquello que tiene tendencia a desviarte de tu tarea principal. Quizás no podrás detectar todos los elementos de buenas a primeras, pero al estar atento lograrás sacarlos a la luz poco a poco.
- Cuando la lista esté más o menos completa, clasifica los elementos por orden de importancia.
- Establece a continuación una lista de dos columnas en la que detalles por una parte los problemas que te causan y, por otra, los beneficios que hay que obtener.
- Después, responde a estas dos preguntas:
  - ¿Sobre qué obstáculos puedo actuar?
  - ¿Con qué método?

Cuando hayas establecido el proceso que vas a seguir, concéntrate en los aspectos positivos derivados de este cambio y persevera en tu procedimiento. Trabaja en la lista punto por punto siendo firme contigo mismo y tomando todos los días una decisión que te ayude a gestionar tu vida profesional.

¿CÓMO PLANIFICAR LAS TAREAS QUE HAY QUE REALIZAR?

Durante la creación de tu plan de trabajo tendrás que organizar las tareas que hayas enumerado previamente. En la elaboración de este plan tienes que tener en cuenta cinco reglas básicas:

- organizar las tareas por orden de prioridad. Una tarea prioritaria depende del cruce de dos características: la importancia y la urgencia. Apunta de antemano con tinta roja en tu calendario las fechas límites a las que tienes que restringirte;
- apunta en tu plan de trabajo las horas asignadas para cada tarea, precisando la hora de inicio y de fin, así como el objetivo que hay que alcanzar al final de cada período de trabajo. No siempre es sencillo saber cuánto tiempo le deberás dedicar a uno u otro tipo de tareas, sobre todo si eres nuevo en tu puesto, pero este ejercicio de programación hará que seas más eficaz a largo plazo;
- es más motivante y a menudo más productivo no asignarse más de dos o tres tareas a la vez y acabarlas, que comenzar a la vez muchas y no finalizarlas. Intenta secuenciar tu programación en ciclos: acaba por completo

una tarea antes de empezar otra;

- en general, ten en cuenta tu ritmo biológico cuando repartas tus tareas diarias. Si sabes que te costará más mantenerte atento entre las 13:00 y las 15:00, no programes a esa hora una tarea que precise de toda tu concentración;
- finalmente, alterna las tareas que no te gustan con las que te motivan para no tener constantemente la impresión de trabajar a la fuerza.

¿CÓMO ESTABLECER LAS PRIORIDADES?

Para abordar un trabajo, es necesario fijarse un objetivo, saber a dónde nos deben llevar nuestras acciones. Por ejemplo, si queremos planificar una reunión para decidir las modalidades de aplicación de un nuevo proyecto de marketing, una de nuestras prioridades será establecer un orden del día detallado en la que anotaremos el objetivo de la reunión. Otra prioridad será convocar a los interesados y fijar la fecha y el lugar de la reunión. Una tarea secundaria, puesto que es menos urgente y menos importante, será pensar en que haya café en el lugar de reunión; esta tarea podría delegarse fácilmente.

Tras haber definido nuestro objetivo y elaborado una lista de las tareas que hay que cumplir para alcanzarlo, es crucial determinar la prioridad de las tareas en función del grado de urgencia y de importancia de cada una. Si empiezas por preparar el café sin saber cuándo será la reunión ni cuantas personas estarán presentes, solo lograrás una cosa: perder el tiempo.

¿CÓMO ORGANIZAR LA AGENDA?

La agenda es una herramienta valiosa que hay que tener a mano. Este cuaderno electrónico o de papel es la herramienta-recurso de toda tu organización. Te permite planear el trabajo del día siguiente, pero también reflexionar sobre el trabajo logrado y adoptar una mirada crítica sobre la manera en que trabajas y la forma en que gestionas el tiempo.

Idealmente, está compuesta por diferentes partes:

- un calendario en el que apuntas las reuniones, las fechas límite de las tareas y las vacaciones;
- una sección de cosas por hacer en la que escribes desordenadamente el conjunto de tareas que tienes que realizar y sus plazos;
- hojas que te permiten realizar una planificación semanal y/o diaria de las tareas;
- secciones suplementarias en las que anotar datos que puedan serte útiles, como direcciones y números de teléfono;
- un cuaderno para escribir tus ideas y experiencias. En lugar de anotarlas en un folio suelto, reserva una parte de la agenda para poder acceder fácilmente a ellas.

Si te acostumbras a convertir tu agenda en una herramienta de referencia, descubrirás rápidamente su gran utilidad, lo que te permitirá controlar mejor tu tiempo y tu trabajo, y anotar todos los elementos importantes para no olvidarte de nada.

¿CÓMO NO VOLVER A DEJAR NADA PARA EL DÍA SIGUIENTE?

Para luchar contra la procrastinación, fíjate objetivos claros, enunciados en términos de resultados que hay que obtener, en un lapso de tiempo definido. Para motivarte a mantener tu plan de trabajo, procura descubrir los beneficios que obtendrás al alcanzar tus objetivos a tiempo: tener tiempo para una tarea importante que quieres tratar lo mejor posible, asegurarte de que podrás salir de la oficina a tiempo sin llevarte trabajo a casa, etc.

PEQUEÑO PLUS: EL MÉTODO TIC-TOC

Cuando nos falta motivación para abordar una tarea, nos invaden pensamientos TIC (*Task Inhibitting Cognitions*, es decir, pensamientos que inhiben la acción). Nos parece que el trabajo es muy duro y que no sirve para nada. Esta energía negativa nos empuja a aplazar las tareas.

Para evitar la procrastinación, hay que recurrir a los pensamientos TOC (*Task Oriented Cognitions*, es decir, pensamientos orientados a la acción) observando el beneficio que podría entrañar nuestra acción inmediata: «Si lo hago ahora mismo, me desharé de ello». Aunque este pensamiento no hace que las tareas sean menos inútiles o desagradables, hace que tengamos ganas de avanzar y de acabar con nuestras obligaciones, hace que nos comprometamos más fácilmente con la acción.

¿CÓMO SER CAPAZ DE DELEGAR?

«Nadie puede hacerlo mejor que uno mismo». Al menos esto es lo que tendemos a pensar. Resultado: tareas urgentes que se acumulan sobre nuestro escritorio y tareas que realizamos aunque a veces no estamos plenamente cualificados para ello, con el pretexto de que forman parte de nuestros objetivos de trabajo.

Para lograr delegar es necesario, por una parte, darse cuenta de que no ganamos nada sobrecargándonos de trabajo y, por otra parte, lograr fiarnos del equipo, de compañeros a los que podemos aportar nuestra experiencia en determinadas tareas y que pueden aportarnos lo mismo a nosotros. Un compañero más competente en el uso de una herramienta informática podrá, de esta forma, presentar un trabajo de mejor calidad sobre la elaboración de un soporte web, mientras que alguien que se encuentre a gusto en la comunicación escrita podrá más fácilmente responder correos o redactar el informe de una reunión.

Delegar es una solución que hay que tener en cuenta, ya que hace ganar un valioso tiempo y puede ser la fuente de un trabajo cualitativo si logramos destacar las competencias y las fortalezas de cada uno.

¿CÓMO DESCONECTAR DEL TRABAJO CUANDO SALGAS DE LA OFICINA?

El creciente número de burnouts nos demuestra cuán vital es poder establecer límites. Sin embargo, en nuestra sociedad, se necesita mucha disciplina para lograr separar el trabajo de la vida privada.

Plantéate lo siguiente: ¿cuánto tiempo de tu fin de semana y de tus tardes las dedicas a trabajar o a pensar en tu trabajo o hablar de él? ¿Le dedicas demasiado tiempo? ¿Le das vueltas a tu pesar a los acontecimientos que han tenido lugar a lo largo de la semana o repasas el trabajo que te espera el lunes cuando intentas disfrutar de un fin de semana en familia?

Establecer la frontera no siempre es posible y no siempre es fácil. No obstante, estos tres consejos pueden ayudarte:

- desconéctate lo máximo posible y en cuanto puedas de la tecnología que te liga a tu empresa. ¿Realmente tu jefe puede exigirte que contestes correos hasta las 21:00?
- inventa un ritual que repitas todos los días al salir de la oficina y que te permita realizar la transición entre el mundo del trabajo y tu esfera privada. Hacer una parte del trayecto a pie, tomar una taza de café al volver a casa o repasar tu agenda para asegurarte de que todo está listo para el día siguiente antes de irte;
- ¡persevera! No se puede eliminar de golpe la vocecilla moralizante que te recuerda que no has acabado tal o cual tarea, o que te avisa de que la semana que viene va a ser larga y dura. Se trata de tu salud y de la calidad de tu trabajo: si no tienes periodos de descanso y libres de presión, no lograrás concentrarte en la oficina y correrás el riesgo de desmotivarte y desmoralizarte con rapidez.

¡AHORA ES TU TURNO!

AUTOANÁLISIS

A continuación presentamos una corta lista de preguntas que te ayudarán a reflexionar sobre tu gestión del tiempo. Respóndelas por escrito.

- ¿Crees que logras gestionar tu tiempo de manera óptima en tu vida profesional?
- Si la respuesta es afirmativa, ¿qué beneficios observas?
- Si la respuesta es negativa, ¿con qué obstáculos te encuentras?
- ¿Tus objetivos profesionales están claramente definidos?
- ¿Logras respetar los plazos establecidos?
- ¿Tienes la impresión de trabajar regularmente con prisa? Cita casos concretos y recientes en los que se base tu impresión.
- ¿Tienes la impresión de que a menudo te distraes o te ves interrumpido en tu trabajo? Si la respuesta es afirmativa, elabora la lista de distracciones.
- ¿Logras descansar realmente cuando se acaba tu jornada laboral? Si la respuesta es negativa, ¿cuál es el motivo y qué solución se te ocurre?

FICHA DE ORGANIZACIÓN

«Los objetivos y las prioridades solo tienen sentido si preparamos los medios para lograrlos y si esos medios se aplican voluntariamente»[1]. Fathi Tlatli.

Para lograr tus objetivos y gestionar tus prioridades, necesitas tener los medios. Esta ficha de organización te ayudará a materializar tu proyecto, a hacerlo más concreto y cuantificable desde el punto de vista de tus acciones y del tiempo. Define primero tu objetivo con palabras simples, y después fija el plazo para su realización (en un año, en un mes o en una semana, dependiendo del tipo de objetivo fijado). Enumera a continuación las tareas que tienes que realizar para lograrlo, evalúa la duración de cada una de ellas y establece plazos y niveles de prioridad.

Puedes utilizar esta ficha sin moderación con cada nuevo proyecto. Al trabajar en esta planificación, podrás darte cuenta mejor del tiempo que necesitas para realizar tu objetivo y anticipar las tareas prioritarias.

---

1. Cita traducida por 50Minutos.es

Periodo: de .... a .... (año, trimestre, mes, semana, día)

Objetivos:

....

....

....

Lista de tareas que hay que realizar:

Duración	Descripción de las actividades	Grado de prioridad	Plazo

--> reproducir en la agenda reservando los periodos
   de trabajo necesarios

¡Tu opinión nos interesa!
¡Deja un comentario en la página web de tu librería en línea,
y comparte tus favoritos en las redes sociales!

PARA IR MÁS ALLÁ

FUENTES BIBLIOGRÁFICAS

- Bellenger, Lionel y Marie-Josée Couchaere. 2004. *Plus efficace et moins stressé. Le bien-être, clé de la performance.* París: ESF éditeur.
- Cungi, Charly. 2006. *Savoir gérer son stress.* París: éditions Retz.
- Fontana, David. 1990. *Gérer le stress.* Lieja: Mardaga.
- Gamonnet, François. 1982. *Savoir mieux gérer son temps.* París: Éditions d'organisation.
- Geisselhart, Roland y Christiane Hofmann. 2012. *En finir avec le stress.* Bruselas: Ixelles éditions.
- Latrobe, Daniel. 2000. *Gérer efficacement son temps et ses priorités. Concilier efficacité et bien-être.* París: ESF éditeur.
- Moyson, Roger. 1998. *Gérer son temps et son stress. Pour un nouvel humanisme.* Bruselas: De Boeck Université.
- Testu, François. 1993. *Chronopsychologie et rythmes scolaires.* París: Masson.
- Tlatli, Fathi. 2007. *Gérer son temps efficacement. Pour mieux vivre et mieux réussir.* Lovaina la Nueva: Anthemis.

FUENTES COMPLEMENTARIAS

- Cuestionario en línea para un autodiagnóstico de tu gestión del tiempo (en francés). http://www.rsv.espacedoc.net/fileadmin/forres/quest-autodiagnostic-gestion-temps.pdf

¡APRENDER
NUNCA ANTES FUE
TAN RÁPIDO!

www.en50minutos.es

www.en50Minutos.es

ISBN ebook: 9782806277602

ISBN papel: 9782806285539

Depósito legal: D/2016/12603/489

Libro realizado por <u>Primento</u>, *el socio digital de los editores*